Inhalt

Interaktive Außenwerbung - Wenn Plakate kommunizieren

Kernthesen

Beitrag

Fallbeispiele

Weiterführende Literatur

Impressum

Interaktive Außenwerbung - Wenn Plakate kommunizieren

K.Zirkel

Kernthesen

- Werbebotschaften von öffentlichen Reklameflächen werden zunehmend via Funktechnik an die Mobiltelefone des Betrachters gesendet.
- Der Betrachter eines multimedialen Werbeplakats erhält einen Gegenwert, zum Beispiel in Form einer MP3-Musikdatei, eines Podcasts oder Handy-Klingeltons.
- Zielgruppen der interaktiven Plakatkampagnen sind Jugendliche und mobile Geschäftsleute.

Beitrag

Marketingexperten entdecken die Außenwerbung neu: Plakate mit interaktiven Elementen setzen neue Maßstäbe in punkto Stadtmöblierung. Dabei entwickelt sich diese Form der Werbung immer mehr zum Tauschgeschäft, bei dem Passanten für ihre Beschäftigung mit der Werbefläche einen Gegenwert erhalten. Zwar experimentieren Hersteller wie Coca Cola schon seit einigen Jahren immer wieder mit dieser Kombination aus Außenwerbung und Mobile Marketing. Doch seit Kurzem werden Multimedia-Plakate vor allem bei der Konsumgüterindustrie immer beliebter und zunehmend im großen Stil eingesetzt. Viele Hersteller sind derzeit noch in der Experimentierphase, Experten erwarten den Durchbruch für 2008.

Die Außenwerbung gehört zu den erfolgreichsten Segmenten des Marktes, Tendenz steigend. Für dieses Jahr erwarten die Außenwerber Umsatzzuwächse von zwei bis drei Prozent im Vergleich zum Vorjahr. Die Einnahmen im Bereich Außenwerbung legten im Vergleich zu den Vorjahresmonaten um fast 50 Prozent zu, wovon vor allem die Plakatwerbung profitierte. Das liegt zum einen an den großen Werbebudgets einiger Unternehmen aus Handel und Telekommunikation. Vor allem die Automobilbranche legte bei den Werbeausgaben um zehn Prozent im Vergleich zum Vorjahr zu. Zum anderen entwickeln sich Plakate zunehmend zu attraktiven, hochkomplexen High-Tech-Werbeplattformen: Die Stadtmöblierer, allen voran die Marktführer Ströer und Wall, verwandeln die traditionellen Spanplattenflächen am Straßenrand in elektronische Multimediabildschirme, die mit neuester Funktechnik ausgestattet sind inklusive einer aufwändigen technischen Infrastruktur im Hintergrund. (1), (2), (3)

Der Betrachter wird belohnt

Interaktive Plakatwerbung setzt auf die direkte Interaktion mit den Zielgruppen. Die Werbebotschaft wird mittels Bluetooth auf das Handy des Betrachters gefunkt. Sobald sich ein Handy mit aktiviertem Bluetooth in Funkreichweite eines Plakats befindet, wird der Nutzer per SMS gefragt, ob er ein bestimmtes Werbeangebot etwa einen Coupon, Filmtrailer, Song oder ein Gewinnspiel, empfangen möchte. Da die Daten nicht über das Mobilfunknetz, sondern direkt über die Bluetooth-Schnittstelle übertragen werden, entstehen beim Download weder dem Empfänger noch dem Werbetreibenden Kosten. Ströer testet derzeit für seine Kunden eine Software, die Motive auf Fotos erkennen kann. Betrachter können das Plakat mit dem Handy fotografieren und das Foto per MMS an eine bestimmte Nummer schicken. Das Foto landet auf dem zentralen Rechner des Betreibers, der Server startet eine Software, die überprüft, ob es sich tatsächlich um das Werbemotiv handelt. Wenn ja, schickt der Rechner dem Passanten eine Belohnung auf das Handy, zum Beispiel den Trailer zum beworbenen Kinofilm, einen Gutschein, Handyklingeltöne, MP3-Musikdateien oder die Adresse der nächsten Bezugsquelle zum soeben fotografierten Produkt. Als Downloads bieten sich auch Podcasts, Videos, interaktive Produktkataloge oder Handyspiele an. Handy-Klingeltöne stehen vor allem bei den jugendlichen Zielgruppen hoch im Kurs, für die breite Masse eignen sich vor allem Gutscheine und Rabattaktionen, die beispielsweise im nächstgelegenen Geschäft eingelöst werden können. Die einzige Grenze setzt die Speicherkapazität des Betrachter-Handys. (4), (1), (2)

Der Vorteil dieser Form des Dialogmarketings: Der Werbetreibende stellt einen direkten Kontakt zum Empfänger her und ermöglicht diesem unmittelbar auf die Werbebotschaft zu reagieren. Der Passant setzt sich auf diese Weise intensiv mit der Werbung auseinander. Zudem erhält der Werbetreibende quasi nebenbei die Handynummer des potentiellen

Kunden, die er für weitere Werbeaktionen nutzen kann - vorausgesetzt, dieser erteilt seine Erlaubnis. Bedingung dafür ist jedoch, dass der Passant die Bluetooth-Schnittstelle seines Handys aktiviert hat. Der Sender meldet dem Handybesitzer, der sich in der Nähe eines Plakats aufhält, dass eine Nachricht für ihn zum Herunterladen bereit liegt. Dazu muss der Passant jedoch einwilligen und eine Nummer zur Autorisierung eingeben. Denn zum einen ist das Senden unverlangter Werbung auf das Handy in Deutschland verboten, zum anderen laufen kostenlose Angebote stets Gefahr, dass sich der Empfänger genervt fühlt - diese Form der Werbung hätte also schon angesichts der täglichen Werbeflut einen gegenteiligen Effekt. (1)

Im Visier: Mobile Menschen an belebten Plätzen

Zielgruppe der interaktiven Plakatkampagnen sind neben viel reisenden Geschäftsleuten vor allem Jugendliche zwischen 15 und 25 Jahren. Denn diese sind mit den neuen Technologien meist vertraut, offen für neue Angebote und zunehmend schwerer über die klassischen Medien zu erreichen. Vor allem die Konsumgüterindustrie setzt interaktive Plakatwerbung ein. Kein Wunder, denn Werbung über Plakate erreicht immer mehr Menschen: Die Menschen werden mobiler, damit steigt die out of home verbrachte Zeit und die Häufigkeit, mit der sie in Berührung mit Plakaten kommen. So sind die 14- bis 59-Jährigen laut der Studie Mobilität in Deutschland durchschnittlich 85,9 Minuten täglich unterwegs und legen bei 3,7 Wegstrecken rund 46,3 Kilometer pro Tag zurück. Besonders geeignet für interaktive Plakatkampagnen sind daher hoch frequentierte Orte wie Fußgängerzonen oder U-Bahnen sowie Plätze mit Wartesituationen wie Bahnhöfe oder Flughäfen. (4), (5), (6)

Um eine optimale Kommunikation mit den Zielgruppen zu gewährleisten, werden die Bluetooth-Standorte nach den Kriterien Zielgruppenaffinität, hohe Fußgängerfrequenz und Wartesituation ausgewählt. So unterhält die Wall AG in Berlin inzwischen ein Bluetooth-Netz mit 58 Standorten, Ströer hat soeben ein Bluetooth-City-Netz mit 30 festen Standorten in zehn deutschen Städten gestartet. Zudem wurden 31 alternative Standorte als flexible Standorte technisch für den Bluetooth-Einsatz umgerüstet. Die Bluetooth-Stellen müssen dabei immer in Verbindung mit dem dazugehörigen Citylight-Poster-Netz gebucht werden. Flächendeckend ist das Angebot allerdings bislang noch nicht. Zum einen sind in Deutschland noch

nicht genügend Bluetooth-Standorte eingerichtet, zum anderen befinden sich diese häufig nicht dort, wo sich die Kunden der Werbetreibenden aufhalten. Günstig sind die interaktiven Plakate nicht: Ein fester Standort kostet bei Ströer 50 Euro, ein flexibler 75 Euro pro Tag, dazu kommt eine einmalige Content-Service-Pauschale von 300 Euro. Das Bluetooth-City-Netz steht zudem nur für Außenwerbekampagnen mit einem Mindestbuchungsvolumen von 100 000 Euro zur Verfügung.
So werden Mobile-Marketing-Kampagnen via Plakate im großen Stil in naher Zukunft wohl eher den großen Playern vorbehalten sein. Doch vor allem zur Imagepflege an belebten Plätzen oder in Wartensituationen ist interaktive Plakatwerbung mit Sicherheit zukunftstauglich. (4), (5), (6), (7)

Fallbeispiele

Der Nahrungsmittelkonzern Masterfoods setzte zu Beginn des Jahres mit seiner Schokoriegelkampagne Nimm Mars, gib Gas neue Maßstäbe - sowohl, was die Kosten der vierwöchigen Aktion als auch die Zahl der eingesetzten beleuchteten Glasvitrinen (City Lights) angeht, die überwiegend an Haltestellen des öffentlichen Nahverkehrs eingesetzt wurden. 3 000 der deutschlandweit 9 000 Citylight-Poster (CLP) wurden dafür in Berlin und Düsseldorf mit Bluetooth ausgestattet. Passanten konnten den Mars-Titel aus dem Fernsehwerbespot als Klingelton auf ihr Handy laden, sobald sie die Bluetooth-Schnittstelle ihres Handys aktiviert und die angegebenen Autorisierungsnummer 1111 eingegeben hatten. Hintergrund: Die junge Zielgruppe bis 35 Jahre sollte emotional an das Produkt gebunden werden. Mit insgesamt 52 000 Downloads wurde die Kampagne als erfolgreich bewertet. (1), (2), (8)

Zum 100-jährigen Bestehen des Waschmittels Persil startete Henkel eine deutschlandweite Werbekampagne via City Lights. Herzstück der Kampagne war die Haltestelle Kurfürstendamm in Berlin, wo Persil-Duft verströmt wurde. In Berlin und Düsseldorf konnten Wartende an Erlebnis-Haltestellen zudem den Titelsong der Kampagne herunterladen. Neben Sehen (Plakate) und Hören (Musik-Downloads per Bluetooth) wurde auf diese Weise der Duftsinn ins Spiel gebracht. (8)

In New York projezierte der Brillenhersteller Ray Ban Fotos von Passanten, die die aktuelle Brillenmode trugen, auf überdimensionale Werbetafeln. (2)

Am Frankfurter Flughafen sollen in so genannten

Branded Seating Areas künftig interaktive Plakate eingesetzt werden. In neun im gesamten Terminalbereich verteilten Sitzgruppen werden individuell gestaltbare Werbeflächen exklusiv an einen Kunden vermarktet, der die Möglichkeit hat, verschiedene interaktive Angebote wie den Download von Musik, Software oder Coupons bereit zu stellen. Als Technologien stehen Bluetooth, Infrarot und WLAN zur Verfügung. Aufgrund seiner Passagier-Struktur ist der Frankfurter Flughafen prädestiniert für interaktive Werbeträger: Zielgruppe sind viel reisende Geschäftsleute mit großem Interesse an Content und einer überdurchschnittlich hohen Nutzung von mobilen Geräten wie Notebook, Handy, PDA oder Blackberry. (4)

Weiterführende Literatur

(1) Brechtel, Detlef, Multimediaplakate schicken Passanten Webrung auf das Handy und fordern sie zu Aktionen auf / Ohne Einverständnis der Betrachter ist das jedoch nicht erlaubt, Welt am Sonntag, Nr. 18, 6.05.2007
aus Medienbote, Ausgabe 619/2007, Vol. 4, S. 6

(2) Blinkender Punkt sucht Handy
aus HORIZONT 13 vom 29.03.2007 Seite 032

(3) Blickfang an jeder Straßenecke

aus HORIZONT 11 vom 15.03.2007 Seite 074

(4) von Fraunberg, Anja, Wenn Plakate reden lernen, Werben und Verkaufen, 26.04.2007
aus werben und verkaufen Nr. 17 vom 26.04.2007 Seite 052

(5) Außenwerbung wird digital
aus Absatzwirtschaft Nr. 04 vom 01.04.2007 Seite 078

(6) Erstes Mal
aus HORIZONT 13 vom 29.03.2007 Seite 032

(7) Mit Plakaten telefonieren
aus Absatzwirtschaft Nr. 03 vom 01.03.2007 Seite 086

(8) Außenwerbung besticht mit Multimedia-Optionen
aus Lebensmittel Zeitung 06 vom 09.02.2007 Seite 051

(9) AUSSENWERBUNG/TEIL 2 Mehr Bedeutung im Mix
aus media & marketing Nr. 01-02 vom 07.02.2007 Seite 050

(10) Die neuen Werbeformen: Guerilla, Viral und Blogs
aus Frankfurter Allgemeine Zeitung, 29.01.2007, Nr. 24, S. 20

Impressum

Interaktive Außenwerbung - Wenn Plakate kommunizieren

Bibliografische Information der deutschen Nationalbibliothek

Die Deutsche Nationalbibliothek verzeichnet diese Publikation in der deutschen Nationalbibliografie; detaillierte bibliografische Daten sind im Internet über http://dnb.d-nb.de abrufbar.

ISBN: 978-3-7379-0740-8

© 2015 GBI-Genios Deutsche Wirtschaftsdatenbank GmbH, Freischützstraße 96, 81927 München, www.genios.de

Alle Rechte vorbehalten. Dieses Werk ist einschließlich aller seiner Teile – z.B. Texte, Tabellen und Grafiken - urheberrechtlich geschützt. Jede Verwertung außerhalb der Grenzen des Urheberrechtsgesetzes bedarf der vorherigen Zustimmung des Verlags. Dies gilt insbesondere auch für auszugsweise Nachdrucke, fotomechanische Vervielfältigungen (Fotokopie/Mikroskopie), Übersetzungen, Auswertungen durch Datenbanken oder ähnliche Einrichtungen und die Einspeicherung und Verarbeitung in elektronischen Systemen.